Les Généraux de la République

Mort de Desaix à Marengo (*14 juin 1800*)

Collection C. CHARIER

Les Généraux de la République

Richepanse écrase les Autrichiens à Hohenlinden (*3 décembre 1800*)

Collection C. CHARIER

Les Généraux de la République

Hoche poursuit les émigrés dans la baie de Quiberon (*15 juillet 1795*)

Les Généraux de la République

Kléber soutient le choc de la cavalerie arabe au Mont-Thabor (*16 avril 1799*)

ollection C. CHARIER.

Les Généraux de la République

Joubert à la bataille de Rivoli (*14 janvier 1797*)

Collection C. CHARIER.

Les Généraux de la République

Carnot s'élance à la tête des troupes à Wattignies (*16 octobre 1793*)

Collection C. CHARIER

Les Généraux de la République

Kellermann bat les Prussiens à Valmy (*20 septembre 1792*)

Collection C. CHARIER

Les Généraux de la République

Mort de Marceau à Altenkirchen (*20 septembre 1796*)

Collection C. CHARIER.

MARCEAU (1769-1796)

Parmi les grandes figures de la Révolution, celle de Marceau brille d'un éclat légendaire. Elle apparaît aux générations nouvelles comme le type accompli de l'exaltation guerrière, tempérée par les sentiments de la plus noble humanité.

Il naquit à Chartres en 1769. A 16 ans, il s'engagea dans un régiment. En 1789, étant en congé à Paris, il contribua à la prise de la Bastille. Revenu dans son pays natal, il y fut choisi comme instructeur de la garde nationale. En 1792, aux premiers bruits de coalition des puissances étrangères, il s'enròla parmi les volontaires et gagna l'armée des Ardennes. En juin 1793, il fut envoyé dans l'Ouest pour réprimer l'insurrection vendéenne. Il s'y fit remarquer par son courage intrépide et remporta les victoires de Cholet, du Mans et de Savenay.

En mai 1794, il obtint d'aller rejoindre la célèbre armée de Sambre-et-Meuse qui avait à sa tête le général Jourdan, à Fleurus, où il commandait l'aile droite de l'armée. Il se couvrit de gloire, eut deux chevaux tués sous lui et contribua en grande partie à cette victoire mémorable qui nous assurait la Belgique. On l'avait surnommé, à cette occasion, le « lion » de l'armée française. Il se porta ensuite sur Coblentz, ce boulevard de l'émigration, où il entra, l'épée haute et drapeaux au vent, après en avoir chassé les alliés.

En 1795, il combattit aux côtés de son ami Kléber, à l'arrière-garde de l'armée, sur la rive gauche du Rhin.

En 1796, placé à la tête d'une division de l'armée de Sambre-et-Meuse, il battit les Autrichiens à Salzbach, à Creuznach, à Meissenheim. Puis, un peu plus tard, il s'empara du fort de Kœnigstein, de la forteresse de Wurtzbourg, de Manheim et de Limbourg.

Général depuis l'année 1793, Marceau avait 27 ans lorsque, le 20 septembre 1796, il occupait le défilé d'Altenkirchen. Voulant reconnaître le terrain, il s'avançait, accompagné du capitaine Souhait et de deux ordonnances. Il portait le dolman et le pantalon du 11e chasseurs, sans écharpe. Sur son chapeau brodé flottait le panache à demi-coupé par une balle. Marceau arrivait près de la lisière du bois de Herschbach. Il montrait à son compagnon un hussard hongrois faisant caracoler son cheval devant eux, lorsqu'un chasseur tyrolien, dissimulé par un arbre, fit feu sur lui et l'atteignit au côté gauche. Mortellement blessé, Marceau s'affaissa bientôt. Le capitaine Souhait le fit transporter à Altenkirchen et dut l'abandonner à l'humanité et à la loyauté de l'ennemi. Jourdan, prévenu, écrivit une lettre au général autrichien pour recommander l'illustre blessé. Les officiers de l'armée autrichienne furent pleins d'égards pour le jeune héros républicain. Le vieux général Kray prit fort affectueusement la main du moribond en lui prodiguant des consolations toutes paternelles. Le prince Charles arrivait au moment où il rendait le dernier soupir.

Un détachement de hussards de Barco fut chargé de conduire le corps à l'armée de Sambre-et-Meuse, plongée dans la douleur.

Le jour de l'inhumation, dans le camp retranché de Coblentz, le 23 septembre, il y eut un armistice ; et des salves d'artillerie autrichienne alternèrent avec celles de l'armée républicaine pour rendre les honneurs au héros français.

Depuis, les cendres de Marceau ont été ramenées en France et déposées au Panthéon.

Er. Richa.

C. CHARIER, éditeur à Saumur.

KELLERMANN (1735-1820)

Kellermann était maréchal de camp au moment de la Révolution. Il adhéra avec chaleur aux idées nouvelles. Il avait alors 54 ans.

En septembre 1792, l'armée des coalisés, forte de plus de 100.000 hommes, avait envahi la Champagne. Elle était commandée par le roi de Prusse en personne, qui semblait plein de confiance de conduire au feu les vieilles troupes du grand Frédéric, renommées dans toute l'Europe par leur solidité et leur endurance. Kellermann venait opérer sa jonction avec Dumouriez ; mais malheureusement il se trompa et alla s'établir sur les hauteurs de Valmy, de sorte qu'au lieu de dominer les Prussiens, il était complètement dominé par eux et se trouvait ainsi séparé de Dumouriez par un étang. En cas d'insuccès, aucune issue n'était possible à cause des terrains marécageux qui coupaient sa retraite. Kellermann comprit aussitôt le danger qui le menaçait et suppléa à cette infériorité par d'habiles dispositions. Il fallait vaincre ou mourir.

Kellermann couronna de 24 pièces de canon la crête étroite de la hauteur de Valmy. L'armée ennemie s'était rangée en bataille sur les hauteurs de la Lune, appuyée par 60 pièces de canon. Les Prussiens ouvrirent le feu à 7 heures du matin ; les Français répondirent par une violente canonnade. A un moment, les effets de la batterie ennemie devinrent très meurtriers. Le désordre fut bientôt dans nos rangs, et pour comble de malheur, les obus prussiens mirent le feu à des caissons d'artillerie près du moulin de Valmy, augmentant ainsi l'épouvante parmi nos troupes. Au même instant, Kellermann a son cheval tué sous lui. Mais sans se décontenancer, il monte sur un autre et s'attache à ramener le calme et le bon ordre dans les rangs. La canonnade continue de part et d'autre.

Le duc de Brunswick qui commandait les coalisés, étonné de la ténacité des jeunes troupes républicaines, voit avec dépit qu'il ne gagne pas de terrain. Bouillant de rage, il décide d'attaquer les Français de vive force ; il fait redoubler ses feux d'artillerie et dispose trois colonnes d'attaque avec des réserves de cavalerie pour accélérer la défaite probable.

L'armée française s'aperçoit de ce mouvement offensif et comprend que le moment suprême est arrivé. Un frémissement patriotique parcourt les rangs de nos jeunes soldats, qui dans un magnifique enthousiasme entonnent la *Marseillaise*. Kellermann a peine à retenir leur bouillante ardeur. « Mes amis, leur crie-t-il, ne tirez pas, attendez-les, et chargeons à la baïonnette. » L'armée tout entière répond par les cris mille fois répétés : *Vive la nation ! Vive la nation !* Kellermann met alors son chapeau à la pointe de son sabre, et les soldats de l'imiter en agitant leurs chapeaux au bout de leurs baïonnettes. A ces clameurs enthousiastes, l'ennemi s'arrête étonné. Kellermann, s'apercevant de cette hésitation, s'écrie : « Soldats, la victoire est à vous ! » Et profitant habilement de ce moment de stupeur chez les ennemis, il charge impétueusement à la tête de ses colonnes.

Les soldats de Kellermann sont lancés avec une telle intrépidité que dans leur élan irrésistible ils culbutent et mettent les Prussiens en complète déroute.

L'effet moral de cette bataille fut considérable. Les alliés consternés évacuèrent le sol français. Le poète allemand, Gœthe, s'écria : « Aujourd'hui une ère nouvelle a commencé pour le monde ». Cette bataille de Valmy, restée célèbre, fut en effet la première victoire des armées de la République.

Er. Richa.

C. CHARIER, éditeur à Saumur.

CARNOT (1753-1823)

Lazare Carnot fut l'un des plus grands citoyens de l'époque révolutionnaire. Homme d'Etat, mathématicien, publiciste, tacticien, il excella dans chacune de ces facultés de sa vaste intelligence.

S'il ne passa point par toutes les étapes de la hiérarchie militaire, il peut cependant prendre rang parmi les généraux de l'époque. Ses divers titres : commissaire aux armées et membre du Comité de salut public (partie militaire), qui lui ont valu le glorieux honneur d'être appelé *l'organisateur de la victoire*, témoignent assez que s'il n'a jamais eu, à proprement parler, le grade de général, il en a supérieurement rempli les fonctions. Ces considérations nullement négligeables nous ont suffi pour le classer parmi les généraux de la République.

Carnot fut étranger aux premiers événements de la Révolution, dont il avait pourtant embrassé les principes avec enthousiasme.

Après le 10 août 1792, il fut un des commissaires envoyés à l'armée du Rhin, puis à Bayonne, où il contribua à assurer la défense de la frontière des Pyrénées.

Le 14 août 1793, il fut nommé membre du Comité de salut public, où il fut spécialement chargé du personnel et du mouvement des armées. C'est à partir de cette date que se révèlent les grandes qualités militaires de ce citoyen illustre.

A peine entré au Comité, il fit décréter la levée en masse de tous les hommes valides, sage et grande mesure qui a sauvé la France. Il fallait donc organiser ces forces immenses et en former un tout homogène. C'est alors que le génie de Carnot s'éleva jusqu'à des proportions vraiment épiques. Il s'agissait de mettre en mouvement et de relier entre elles, par une direction commune, les quatorze armées de la République, leur communiquer le sentiment irrésistible de leur force, lancer nos soldats sur le chemin des triomphes, tracer des plans de campagnes et refouler l'étranger au delà de nos frontières, en un mot *organiser la victoire.*

Carnot ne se contente pas de diriger de son cabinet le mouvement des armées. Il accourt en octobre 1793 à l'armée du Nord, lors du siège de Maubeuge par Cobourg, qui bloquait en outre un corps de 20.000 hommes enfermé dans un camp retranché sous les murs de cette ville. Gourdon, général en chef, était dans une position critique, tandis que Cobourg à la tête de 120.000 Autrichiens semblait plein de confiance. Carnot, en qualité de représentant du peuple, avait la mission de diriger les opérations militaires en personne. Il désigne à Jourdan le village de Wattignies comme point stratégique sur lequel doit se concentrer l'attaque. Lui-même s'élance en avant, le fusil à la main, à la tête d'une colonne, pendant que Jourdan, d'un autre côté, emporte la position après trois assauts et force les Autrichiens à lever le siège. L'entrain des Français, déguenillés, pieds nus, ayant des pains au bout de leurs baïonnettes, avait décidé le sort de nos armes.

Carnot revint après la victoire, au sein du Comité, reprendre ses travaux; et, le surlendemain, il écrivit officiellement à l'armée pour le féliciter de son triomphe, sans faire la moindre allusion à la part qu'il y avait prise.

Après dix-sept mois de campagnes à jamais mémorables, sous la direction de Carnot, voici le bilan des opérations militaires de nos armées : 27 victoires; 80.000 ennemis tués; 91.000 prisonniers; 116 places fortes occupées; 230 redoutes enlevées; 3.800 bouches à feu, 70.000 fusils, 1.900 caissons de poudre et 90 drapeaux tombés en notre pouvoir. Ce tableau fut présenté par Carnot lui-même en rentrant au sein de l'Assemblée à l'expiration de ses pouvoirs, le 30 vendémiaire an III.

Condamné à la déportation après le 18 fructidor, il se réfugia en Allemagne; mais, au 18 brumaire, il fut rappelé et nommé inspecteur général aux revues puis ministre de la guerre; après avoir été membre du Tribunat en 1802, il rentra dans la vie privée jusqu'en 1813. Nommé gouverneur d'Anvers le 24 janvier 1814, il défendit glorieusement cette place. Au 20 mars, il devint ministre de l'intérieur, comte de l'Empire, pair de France; mais il fut proscrit à la Restauration et se retira à Magdebourg, où il mourut le 2 août 1823.

Er. Richa.

C. CHARIER, éditeur à Saumur.

JOUBERT (1769-1799)

Joubert fut un des plus vaillants généraux des armées républicaines. Il fit les premières campagnes du Rhin et d'Italie en 1791, comme sergent, et fut nommé colonel en 1795 sur le champ de bataille. Il se distingua particulièrement à Montenotte, Mondovi, Lodi et Castiglione. Ce fut à la célèbre bataille de Rivoli qu'il atteignit, par sa conduite héroïque, l'apogée de la gloire.

Bonaparte avait donné l'ordre à Joubert de se maintenir sur le plateau de Rivoli pour arrêter les Autrichiens qui l'avaient pris comme objectif afin d'y envelopper les Français. Alvinzi, le général en chef de l'armée ennemie, ignorait la proximité de Bonaparte, placé derrière le plateau, et de Masséna qui opérait sur son flanc gauche. Deux corps ennemis s'avancent avec confiance pour attaquer les Français ; l'un, que commande Alvinzi lui-même, se dirige sur le plateau, appuyé par son artillerie et sa cavalerie ; l'autre, moins important, qui a à sa tête le général Prover, suit la ligne de l'Adige. L'armée française n'a que 20.000 hommes à opposer à 40.000 Autrichiens. Bonaparte, à la faveur d'un beau clair de lune, reconnaît les diverses positions de l'ennemi qui, d'après les feux de bivouac, semble s'être formé en quatre colonnes d'attaque. Alvinzi n'attend plus que la clarté du jour pour assaillir le plateau ; mais Bonaparte a déjoué son plan, et il donne l'ordre en pleine nuit de fondre sur l'armée autrichienne. Joubert s'élance avec impétuosité et occupe la Chapelle Saint-Marc qu'il avait évacuée la veille au soir avant de se retrancher sur le plateau de Rivoli, son dernier refuge. Joubert poursuit son succès, et, aidé par la division Masséna, repousse l'ennemi de toutes parts, tandis que les 15 pièces d'artillerie placées sur le plateau écrasent les Autrichiens et que le brave Lasalle, dans une charge restée célèbre, achève la déroute d'Alvinzi en broyant sa colonne sous le choc de la cavalerie. L'explosion d'un caisson produite par un de nos obus augmenta encore le désordre de l'ennemi, qui s'enfuit laissant 7.000 hommes sur le terrain. Douze pièces de canon tombèrent en notre pouvoir, ainsi qu'un grand nombre de prisonniers.

Joubert entreprit plus tard la campagne du Tyrol (1797), *campagne de géants*, comme la qualifiait Carnot, par laquelle il contraignit l'archiduc Charles d'Autriche à demander la paix.

Nommé successivement général en chef des armées de Hollande, de Mayence et d'Italie, il s'empara du Piémont sans coup férir.

Appelé à succéder à Moreau en 1799 dans le commandement de l'armée d'Italie, le vaillant Joubert, attaqué à Novi, le 15 août, par des forces très supérieures, fut battu par 58.000 Austro-Russes commandés par Mélas et Souwarow. Pour ranimer le courage de ses troupes, Joubert se précipite dans la mêlée, mais il tombe presque aussitôt, frappé d'une balle au cœur.

Le Corps législatif, à la nouvelle de sa mort, prit le deuil pendant cinq jours.

Er. Richa.

C. CHARIER, éditeur à Saumur.

KLÉBER (1754-1800)

Kléber fut un habile et vaillant général dont on ne saurait mettre en doute la bravoure, le talent et la grandeur d'âme. D'une naissance modeste, il se destina tout d'abord à la profession d'architecte.

En 1792, il s'engagea dans le 4e bataillon du Haut-Rhin et contribua à la défense de Mayence.

En 1793, nommé général de brigade, il fut envoyé en Vendée où il fit l'admiration de ses adversaires par sa modération, son esprit de justice et son grand courage.

Il remporta d'abord la bataille de Torfou, malgré l'infériorité du nombre de ses soldats, puis les célèbres victoires du Mans et de Savenay.

Sa clémence en Vendée lui valut une disgrâce de quelques mois. Puis il fut envoyé à l'armée du Nord, assista comme général de division à la bataille de Fleurus, où il se couvrit de gloire. Il prit ensuite Mons, Louvain et la place de Maëstricht, après un bombardement de 48 heures.

En 1796, il battit le prince de Wurtemberg à Altkirchen et ensuite le prince Charles.

En 1798, il suivit Bonaparte dans son expédition d'Egypte. En Syrie, Kléber commandait l'avant-garde de l'armée. Il s'empara successivement de Gaza et de Jaffa. Enfin, le 16 avril 1799, il se trouvait au pied du Mont-Thabor, non loin du village de Loubi où Junot et ses 300 braves se couvrirent d'une gloire immortelle. Kléber avait en face de lui toute l'armée arabe qui se déployait dans un magnifique ruban de cavalerie. Nos soldats eurent aussitôt l'impression du drame qui allait se produire. Sans tarder, Kléber forme sa petite troupe en carré que protège un triple rang de baïonnettes. Il stimule en même temps le courage de ses soldats par le son de sa voix martiale et sonore. Puis, se plaçant au centre du groupe qu'il domine de sa haute stature, il attend l'attaque impétueuse des Arabes, donnant à ses braves, par son attitude energique et fière, l'exemple d'un sang froid remarquable.

Les cavaliers ennemis arrivent comme une trombe dans un nuage de poussière. Mais un feu meurtrier arrête leur élan et leur fait tourner bride. Ils se reforment, et chargent à nouveau avec intrépidité. Rien n'y fait : nos soldats, impassibles, ne reculent pas et se font un rempart sanglant des Arabes laissés sur place. Cependant, cette phalange héroïque, entourée d'une armée vingt fois supérieure, allait succomber faute de munitions, lorsqu'on entend au loin le bruit du canon. C'est Bonaparte qui arrive avec le gros de l'armée et termine à notre avantage une des plus belles victoires de la campagne.

Bonaparte quelque temps après s'en retourne en France, laissant le commandement entre les mains de Kléber. Depuis la destruction de la flotte à Aboukir, la situation de l'armée devenait bien précaire en Egypte. Kléber était même parvenu à signer une convention par laquelle nos troupes devaient être transportées en France avec armes et bagages. Le commodore anglais n'attendait plus que l'assentiment de son gouvernement. Mais, hélas! ce dernier exigeait que les Français se rendissent comme prisonniers de guerre. « Soldats! s'exclama Kléber, on ne répond à tant d'insolence que par des victoires! » La bataille eut lieu dans la plaine d'Héliopolis, où 8.000 Français battirent 80 000 hommes du grand vizir.

Kléber s'apprêtait à organiser le pays conquis lorsqu'il tomba sous le poignard d'un fanatique, le 14 juin 1800.

Sa mort plongea l'armée dans le deuil et la stupeur. On lui rendit de grands honneurs en France et en Egypte.

ER. RICHA.

C. CHARIER, éditeur à Saumur.

HOCHE (1768-1797)

Lazare Hoche est une des gloires les plus pures de la République française. D'un extérieur agréable, il avait en même temps l'intelligence prompte, pénétrante et réfléchie. Généreux et bon, d'une probité scrupuleuse, il se montrait d'une inflexible sévérité lorsqu'il s'agissait de discipline, ou qu'il avait à blâmer tout acte qui révoltait ses sentiments d'humanité. Ajoutez à cela un besoin d'apprendre et de s'instruire qui se traduisait par une activité dévorante : vous aurez un aperçu des qualités qui distinguaient ce jeune soldat dont les vertus militaires et morales seront l'admiration de nombreuses générations. « Pas de paroles, mais des actes », telle était sa devise.

En 1789, Hoche devint un des adeptes les plus sincères de la Révolution. En 1792, il se distingua par sa brillante conduite au siège de Thionville. Sa défense de Dunkerque contre les Anglais en 1793 lui valut d'être nommé général de brigade à 24 ans ! L'année suivante il fut appelé à commander en chef l'armée de la Moselle. Il attaqua Brunswick qui était à la tête de 100.000 hommes. N'ayant pas réussi à le vaincre, il opère sa jonction avec Pichegru, met en déroute les Autrichiens et délivre l'Alsace.

En 1794, il fut appelé à commander l'armée des côtes de Brest, occupée contre les Vendéens. On va voir comment, en mettant fin à cette terrible guerre qui dévasta les provinces de l'Ouest, il mérita, par son habileté, sa modération et son humanité, le surnom de *Pacificateur de la Vendée*.

Mis en face des révoltés, il ne vit en eux que des Français égarés. Il s'attacha à éviter l'effusion du sang et à n'user des rigueurs de la guerre qu'après avoir épuisé toutes les ressources de sa bonté d'âme. A l'implacable tactique employée avant lui, il substitua un régime de douceur, convaincu que le meilleur moyen de mettre fin à ces luttes fratricides est de recourir à la ruse plus qu'à la force. C'est alors qu'il appliqua un système qui ne réussit que par la confiance réciproque des deux partis en présence : il entama des négociations avec certains chefs subalternes et les invita à des conférences dans lesquelles ses adversaires furent frappés de la supériorité de son intelligence et de la dignité de son caractère. Il leur fit comprendre que son but n'était autre que de les délivrer de la dîme et de la corvée en leur promettant la paix de leur conscience et la liberté de leur culte. La sincérité de ses paroles produisit le meilleur effet, et comme pour s'assurer de l'exécution des promesses qu'il avait faites, Hoche, à un moment où il y avait un certain courage à le faire, osa écrire au Comité de salut public : « Dans ce pays, vous n'aurez la paix, le calme, à l'avenir, qu'avec la tolérance religieuse : c'est là le secret de la pacification. » Le 15 février 1795 il signa à La Jaunaie un premier traité de paix.

Les émigrés, soutenus par les Anglais, n'acceptèrent point une paix qui, si elle donnait satisfaction aux paysans, ne leur accordait pas les mêmes avantages. Ils réussirent par leurs intrigues à faire soulever de nouveau la Vendée, et le 15 juillet 1795 ils opérèrent un débarquement dans la presqu'île de Quiberon. Hoche rassemble aussitôt une armée de 9.000 hommes, se porte à leur rencontre, enlève le fort Penthièvre, les écarte en partie le 21 juillet, les accule à la mer, détruit ou fait prisonniers tous ceux qui n'ont pu regagner les vaisseaux anglais.

En même temps, il prit des mesures énergiques pour réduire les révoltés et procéder à un désarmement successif des différentes parties de la Vendée. Le Directoire lui confia alors, en septembre 1795, le commandement des trois armées de l'Ouest, comprenant 100.000 hommes.

Il battit successivement les derniers chefs royalistes Stofflet et Charette, et s'en empara.

Victorieux sur tous les points et complètement maître du pays, Hoche porta enfin le dernier coup à cette terrible insurrection (juillet 1796).

Vers la fin de cette même année, il conçut le projet, à la tête d'un corps expéditionnaire de 18.000 hommes, d'opérer une descente en Irlande ; mais, n'ayant pas réussi dans les préparatifs de cette entreprise, il fut chargé par le Directoire de prendre le commandement de l'armée de Sambre-et-Meuse sur le Rhin où il remporta plusieurs victoires. C'est alors qu'un jour, retiré dans son camp à Wetzlar, il fut pris soudainement de violentes douleurs. Il expira le 9 septembre 1797 à l'âge de 29 ans. Son corps fut inhumé dans la redoute de Pétersberg auprès des restes de Marceau, son émule en gloire.

En. Richa.

RICHEPANSE (1770-1802)

Richepanse fut un des généraux de la République les plus estimés par ses talents, sa bravoure et son admirable sang-froid.

Il naquit à Metz. Entré jeune au service, il se distingue sur tous les champs de bataille qui ont marqué les premières campagnes de la Révolution.

En 1794, il fut nommé général de brigade et en 1796 général de division.

En 1797, il prit une part glorieuse, avec l'armée de Sambre-et-Meuse, à la bataille de Neuwied, où les Impériaux furent battus et perdirent 8 000 hommes faits prisonniers, 27 pièces de canon et 7 drapeaux.

En 1809, à l'armée du Rhin commandée par Marceau, il se couvrit de gloire à Engen, sur les bords de l'Iller, où il soutint avec sa seule division l'effort de 40.000 Autrichiens.

Son plus beau titre de gloire fut la savante et intrépide manœuvre qu'il fit à Hohenlinden le 3 décembre 1800 et qui, de l'aveu même de Moreau, décida du sort de nos armes pendant cette grande et glorieuse bataille.

Notre armée était à Munich lorsque, le 1er décembre 1800, les Autrichiens eurent à Aschau, avec la division Ney, un très vif engagement. Cette division, écrasée par des forces très supérieures en nombre, avait battu en retraite.

L'archiduc Jean, tout fier d'avoir fait reculer nos vieux soldats, se croit invincible, surtout lorsqu'il s'aperçoit que le gros de notre armée avait suivi le mouvement de retraite de la division de Ney.

Moreau qui commandait en chef avait très habilement dissimulé cette manœuvre. Retiré au centre de la vaste forêt de Hohenlinden, avec un instinct militaire remarquable il eut le pressentiment de ce qui allait se passer.

L'archiduc Jean prit en effet ses dispositions pour forcer les Français dans leur redoutable refuge, en disposant son armée en quatre longues colonnes d'attaque qui allaient s'engager dans les défilés de cette sombre forêt. 60.000 Français vont avoir à lutter contre 70.000 Autrichiens.

Moreau concentre ses forces autour du village de Hohenlinden. Malheureusement la neige qui tombe en flocons épais nous empêche de distinguer les mouvements de l'ennemi. Bientôt, on aperçoit de toutes parts les Autrichiens déboucher dans la clairière qui entoure le village. Mais Richepanse, craignant d'être enveloppé, se porte à la hâte vers Mattenpoët, point situé à l'autre bout du défilé de la forêt. Là, il se heurte tout à coup contre les cuirassiers de Nassau qu'il trouve à terre, la bride de leurs chevaux passée à leurs bras. Sans leur donner le temps de se remettre en selle, il fond sur eux et les force à se rendre.

Il était temps : huit escadrons ennemis arrivent à bride abattue et se jettent sur nos soldats. Richepanse aussitôt ordonne au 8e de ligne et au 1er chasseurs à cheval de contenir les efforts de ce corps ennemi, qui est fusillé à bout portant. Pendant ce temps, le vaillant général, à la tête des grenadiers, se lance dans le défilé de la forêt le sabre au poing, à la suite des Autrichiens. Mais trois bataillons hongrois, appuyés par trois pièces d'artillerie, s'avancent pour le charger. « Grenadiers de la 48e, s'écrie Richepanse, que dites-vous de ces gens-là ? — Général, ils sont à nous ! » répondent tous les soldats, qui se précipitent comme un torrent et renversant tout ce qui tente de leur résister. Bientôt des cris horribles se font entendre : c'est que Ney, parti de l'autre extrémité du défilé, refoule dans cette gorge fatale les ennemis qui sont broyés des deux côtés à la fois. Richepanse et Ney se rejoignent et se donnent la main en passant sur des monceaux de cadavres.

Les Autrichiens fuient de toutes part dans les bois, la déroute est complète. 8 000 ennemis gisent sur le sol. 12.000 prisonniers sont entre nos mains ainsi que 87 pièces de canon abandonnées par les Autrichiens.

Deux ans après, le 3 septembre 1802, Richepanse, atteint de la fièvre jaune, mourut à la Guadeloupe.

Ed. Richa.

C. CHARIER, éditeur à Saumur.

DESAIX DE VEYGOUX (1768-1800)

Desaix fut un de ceux qui firent le plus d'honneur aux armées de la République par leurs vertus et leurs talents. Animé de sentiments généreux, il embrassa avec ardeur les idées nouvelles.

En 1789, il fut nommé lieutenant au régiment d'Auvergne.

En 1792, Carnot, qui avait su apprécier les grandes qualités qui distinguaient le jeune officier, l'envoya à l'armée du Rhin, comme adjoint à l'état-major.

En 1794, il fut promu général de division à l'âge de 26 ans, pour récompenser la brillante valeur qu'il avait déployée aux combats de Wissembourg.

En 1795, Desaix fut envoyé à l'armée du Rhin, commandée par Moreau. Il eut pour mission de préparer le passage du fleuve en juin 1796, prit une part glorieuse, par sa belle défense du fort de Kehl, à la savante retraite dirigée par Moreau, dont le résultat lui fit plus d'honneur que toutes ses victoires.

En 1798, Desaix suivit Bonaparte en Egypte, prit part à l'assaut d'Alexandrie et se distingua par sa bravoure à la bataille des Pyramides. Il fut chargé de la conquête et du gouvernement de la Haute-Egypte, ce qui lui valut d'être appelé par les populations le *Sultan juste*, grâce à sa générosité, à sa loyauté et à son amour de la justice. Au point de vue militaire, il vainquit les mameluks dans plusieurs rencontres sanglantes et lassa l'infatigable Mourad-Bey qu'il rejeta jusqu'en Nubie.

En 1800, Desaix, après le traité d'El-Arisch, rentra en France. Bonaparte lui offrit un sabre sur lequel étaient gravés ces mots : *Conquête de la Haute-Egypte.*

A peine arrivé en France, Desaix s'empressa de rejoindre Bonaparte en Italie. Là, il eut le commandement des divisions Boudet et Monnier, et fut chargé d'empêcher le corps autrichien qui avait assiégé et pris Gênes, de faire sa jonction avec l'armée de Mélas

Il s'avançait déjà du côté de Gênes, lorsque soudain il entend le canon de Marengo retentir à ses oreilles. Sans hésiter, il change son plan et se rabat à la hâte sur le champ de bataille où Bonaparte avait été surpris par les Autrichiens. A l'arrivée de Desaix, l'armée française était en pleine retraite Bonaparte accourt et explique à Desaix l'état des circonstances. Le vaillant général promène ses regards sur les deux armées : « Oui, dit-il, la bataille est perdue; mais, ajouta-t-il en tirant sa montre, il n'est que trois heures, et nous avons le temps d'en gagner une autre. » De nouvelles dispositions sont prises sur-le-champ, Bonaparte fait arrêter le mouvement de retraite, et les Autrichiens, étonnés, voient revenir sur eux les bataillons français avec une nouvelle furie Les divisions Boudet et Monnier, qui n'avaient pas encore combattu, fondent les premières sur l'ennemi. Desaix à leur tête charge de front, pendant que le gros de l'armée de Bonaparte reprenait l'offensive contre le flanc gauche de l'ennemi. Aux premières décharges Desaix tomba percé d'une balle dans la poitrine. « Cachez ma mort, dit-il au général qui commandait sous lui, cela pourrait ébranler les troupes. » Ce furent les dernières paroles de ce brave Français.

Ses soldats, qui l'avaient vu tomber, chargèrent avec fureur pour le venger. Kellermann, le fils du vainqueur de Valmi, avec la cavalerie, et Lannes à la tête de sa vaillante infanterie se couvrirent de gloire : la confusion fut bientôt parmi les ennemis, qui s'enfuirent en laissant sur le terrain tous leurs canons et 12.000 morts, blessés ou prisonniers.

La victoire était décisive ; mais elle nous avait coûté 7.000 hommes et la perte du vaillant général Desaix, le modèle de toutes les vertus militaires.

Er. Richa.

C. CHARIER, éditeur à Saumur.

www.ingramcontent.com/pod-product-compliance
Lightning Source LLC
LaVergne TN
LVHW052018160826
845678LV00003B/1094